LIDERANÇA

Melhorar As Habilidades De Persuasão Para O Crescimento Pessoal E Alcançar O Sucesso E Motivar As Pessoas

(Melhores Habilidades De Tomada De Decisão, Melhor Persuasão E Crescimento Pessoal)

Fred Mraz

Traduzido por Daniel Heath

Fred Mraz

Liderança: Melhorar As Habilidades De Persuasão Para O Crescimento Pessoal E Alcançar O Sucesso E Motivar As Pessoas (Melhores Habilidades De Tomada De Decisão, Melhor Persuasão E Crescimento Pessoal)

ISBN 978-1-989837-64-1

Termos e Condições

De modo nenhum é permitido reproduzir, duplicar ou até mesmo transmitir qualquer parte deste documento em meios eletrônicos ou impressos. A gravação desta publicação é estritamente proibida e qualquer armazenamento deste documento não é permitido, a menos que haja permissão por escrito do editor. Todos os direitos são reservados.

As informações fornecidas neste documento são declaradas verdadeiras e consistentes, na medida em que qualquer responsabilidade, em termos de desatenção ou de outra forma, por qualquer uso ou abuso de quaisquer políticas, processos ou instruções contidas, é de responsabilidade exclusiva e pessoal do leitor destinatário. Sob nenhuma circunstância qualquer, responsabilidade legal ou culpa será imposta ao editor por qualquer reparação, dano ou perda monetária devida às informações aqui contidas, direta ou indiretamente. Os respectivos autores são proprietários de todos os direitos autorais não detidos pelo editor.

Aviso Legal:

Este livro é protegido por direitos autorais. Ele é designado exclusivamente para uso pessoal. Você não pode alterar, distribuir, vender, usar, citar ou parafrasear qualquer parte ou o conteúdo deste ebook sem o consentimento do autor ou proprietário dos direitos autorais. Ações legais poderão ser tomadas caso isso seja violado.

Termos de Responsabilidade:

Observe também que as informações contidas neste documento são apenas para fins educacionais e de entretenimento. Todo esforço foi feito para fornecer informações completas precisas, atualizadas e confiáveis. Nenhuma garantia de qualquer tipo é expressa ou mesmo implícita. Os leitores reconhecem que o autor não está envolvido na prestação de aconselhamento jurídico, financeiro, médico ou profissional.

Ao ler este documento, o leitor concorda que sob nenhuma circunstância somos responsáveis por quaisquer perdas, diretas ou indiretas, que venham a ocorrer como resultado do uso de informações contidas neste documento, incluindo, mas não limitado a, erros, omissões, ou imprecisões.

Índice

Parte 1 1

Introdução 2

Capítulo 1   O Que É Liderança? 4

A Liderança Definida 5

Capítulo 2   A Liderança Ao Longo Das Épocas 7

Capítulo 3   As Qualidades De Um Grande Líder 12

Capítulo 4   O Que É Um 'Líder Nato'? 23

Você Precisa Ser Um 'Líder Nato'? 23

Capítulo 5   Qualquer Um Pode Se Tornar Um Líder? 28

Você Também Pode Se Tornar Um Líder? 31

Capítulo 6   Capacitando-Se Para Liderar 32

Capacitando-Se 33

Capítulo 7   Desenvolvendo Habilidades De Liderança 40

Conclusão 47

Parte 2 48

Introdução 49

"Entendendo O Tempo!" 49

Habilidade 1 –Conheça Os Seus Objetivos 51

Habilidade 2 –Estabeleça Prazos 52

Habilidade 3 –Encare O Seu Tempo Como Dinheiro 54

Habilidade 4 –Divida O Dia Em Compromissos 55

Habilidade 5 –Organize O Seu Espaço De Trabalho 56

Habilidade 6–Estabeleça Prioridades 58

Habilidade 7 –Aplique A Regra 80/20 59

Habilidade 8 –Planeje Intervalos 61

Habilidade 9 –Melhore O Seu Foco 62

Habilidade 10 –Bloqueie Interrupções 64

Habilidade 11 - Utilize Ferramentas De Gerenciamento Do Tempo 65

Habilidade 12 –Supere A Procrastinação 67

Habilidade 13 –Motive-Se A Si Mesmo 69

Habilidade 14 –Divida Projetos Maiores Em Tarefas Menores 70

Habilidade 15 –Melhore Suas Habilidades De Tomada De Decisões 72

Habilidade 16 – Controle Pensamentos De Distração 73

Habilidade 17 –Autoavaliação Uma Vez Por Semana 75

Habilidade 18 –Reserve Um Período Para Ficar Offline 76

Habilidade 19 – Delegue Responsabilidades 77

Habilidade 20 –Comece Pela Tarefa Mais Difícil 78

Habilidade 21 –Aplique A Abordagem Minimalista 79

Habilidade 22 –Automatize Suas Tarefas Diárias 81

Habilidade 23 –Treine Para Ser Um Madrugador 82

Habilidade 24 –Sempre Planeje O Seu Próximo Dia 84

Habilidade 25 –Invista Na Sua Saúde 85

Conclusão 88

Parte 1

Introdução

Este livro contém passos e estratégias comprovadas sobre como tornar-se um verdadeiro líder, como inspirar as outras pessoas no sonho que vocês compartilham, e como trabalhar em conjunto para tornar esse sonhos uma realidade. Trabalhando lado a lado, de mãos dadas.

Não apenas isso, mas esse livro também trata acerca do que a liderança realmente é, e como a sociedade tem observado alguns grandes líderes mudarem os rumos da história ao longo das épocas. Tembém forneço uma lista das qualidades que encontrariamos em um bom líder, qualidades que podem ser comuns em um ser humano, mas ainda assim importantes.

Por último, este livro também contém alguns passos precisos e comprovados sobre como desenvolver suas habilidades de liderança para que você possa se tornar o líder que o mundo precisa. E o tipo de lidderança que você, por si só, poderá trilhar com prazer.

Capítulo 1
O Que é Liderança?

Nos tempos modernos, uma em cada vinte pessoas é uma espécie de líder. O chefe que motiva seus empregados a trabalhar mais, e que vai ao escritório nos fins de semana, pode ser chamado de um grande líder que sabe como motivar seu pessoal. Um professor que motiva seus alunos a se sobressairem em seus estudos ou a almejar as melhores universidades do país pode ser considerado um grande líder. Até mesmo uma pessoa que tem mais que 3000 seguidores no Facebook e no Twitter pode ser chamada de líder motivacional.

Ao ver tantos líderes à nossa volta, isso não meio que parece que estamos tomando o termo 'liderança' de maneira muito abrangente?

Vamos considerar os líderes mundiais ao longo das épocas. Em vez de chefes corporativos, professores inspiradores, e celebridades de Facebook, analisaremos personalidades políticas - pessoas com contribuições muito maiores para o mundo e para a evolução humana.

Então, se esses heróis políticos foram os verdadeiros líderes da história humana, isso significa que essas pessoas de hoje — os empreendedores, professores e oradores da sociedade moderna — não são líderes no real sentido?

Minha opinião é sim, eles são. Suas contribuições talvez sejammenores comparadas às dos verdadeiros heróis, mas isso não significa que o seu professor favorito da faculdade não seja um líder, ou que ele não tenha a habilidade para motivar e inspirar outras pessoas.

A Liderança Definida

A definição mais comum de liderança pode resumir-se a um conceito relativamente objetivo: reunir um grupo de pessoas com ideias semelhantes, e motivá-las a irem em direção a um objetivo comum.

Esse propósito comum pode ser qualquer coisa que um grupo de pessoas tenha total intenção de fazer, mas não consegue até que um indivíduo em particular — alguém com carisma e determinação — motive essas pessoas a irem em frente. A definição de liderança pode ser alguém que tenha, positiva ou negativamente, transformado o mundo e as pessoas inseridas nele.

Conforme a definição de liderança descreve, a liderança é a qualidade de ser capaz de guiar um grupo de pessoas em direção a um objetivo comum. Essa objetivo particular pode ser a liberdade de uma nação ou um crime hediondo. Todas essas definições foram cunhadas por grandes líderes, e suas palavras e ações motivaram outras pessoas a trabalharem juntos por um objetivo comum — independentemente das consequências de suas ações.

Contudo, si observarmos a história da liderança, houve algumas mudanças no conceito e, particularmente, nos tipos de líderes queseguimos ao longo das épocas.

Capítulo 2
A Liderança Ao Longo das Épocas

Ao logo da história, vimos muitos tipos de líderesdespontarem para nos guiar e motivar, cada um com sua agenda pessoal, almejando resolver os problemas nos quais muitos seres humanos encontravam-se durante aqueles tempos.

Durante o início dos tempos, tivemos líderes religiosos que nos guiaram rumo a iluminação e o conhecimento, dando-nos uma noção do que é certo e do que é errado. E assim ajudando a humanidade a escolher o caminho que eles estavam explorando.

Mais tarde, araça humana foi motivada por grandes líderes que estavam determinados a conquistar o mundo e a ganhar um lugar para eles na história da humanidade.

Tivemos ótimos professores e pensadores que mudaram a maneira como as pessoas enxergavam a vida, os conceitos mais simples do nosso ser, e a razão de estarmos neste mundo. Na história recente, tivemos grandes líderes políticos que deram aos cidadãos do mundo a esperança e a coragem para perseguirem seus sonhos — quer fosse a liberdade, a unidade, ou a esperança.

Tivemos trabalhadores sociais fabulosos — pessoas cujo propósito e aspiração de suas vidas eram ajudar seres humanos que estavam sofrendo, indivíduos carentes de amor e compaixão. Líderes como elas podem não terem libertado uma nação ou liderado uma guerra, mas tiveram êxito em ensinar a humanidade o verdadeiro poder do amor e da misericórdia.

E o que dizer dos líderes do mundo moderno? Quem, hoje em dia, nós seguimos e ansiamos por nos liderar, neste estilo de vida acelerado que levamos?

Palavras mais verdadeiras são difíceis de formular. Algums grandes líderes do passado nos inspirou e motivou, mas nesta era de tecnologia, competitividade, estilo de vida acelerado e, consequentemente, um sentimento geral de confusão e inquietação... Não conseguimos ficar simplesmente contentes com alguém que nos falará sobre o caminho correto a tomar. Precisamos de alguém que nos qualificará para o sucesso — alguém que nos impusione, bem como nos mostre como seguir adiante e como alcançar aquilo que temos apenas aspirado e sonhado em fazer.

Se você olhar a lista de líderes modernos ao redor do mundo, você consegue encontrar os nomes de CEOs (diretores executivos) e CFOs (diretores financeiros), empreendedores e magnatas de negócios, bilionários e donos de empresas. Então, isso significa que a liderança está a ser a raíz do poder e o topo da escala corporativa? Não necessariamente, porque a lista de grandes líderes também contém os nomes de líderes espirituais que ajudam pessoas a encontrarem paz e esclarecimento. Eles não tomam decisões multimilionárias todos os dias, mas ainda lideram pessoas em direção a um objetivo comum, de paz e harmonia.

No mesmo contexto, também podemos encontrar pessoas que trabalharam nas suas áreas incomuns e individuais e alcançaram a grandeza. Então, o que todas essas diferentes categorias de pessoas têm em comum para terem conseguido formar a mesma lista?

O que é familiar acerca dessas pessoas bem-sucedidas, muito diferentes nas suas áreas individuais, é terem trabalhado duro para chegarem onde estão. Quer sejam elas emprendedores, professores, pensadores ou líderes políticos, elas conseguiram formar pessoas. Pessoas com ideias semelhantes que compartilham seus pontos de vista — para que também pensem que podem alcançar o que seus mentores conseguiram.Os líderes mundiais são nossos mentores — eles nos ajudam a sonhar e perceber a força nos nossos sonhos. Através de suas lutas e palavras inspiradoras, podemos acreditar em nós mesmos, e que também podemos chegar onde eles estão.

Então, o que há de peculiar nessas pessoas — nesses líderes — que nos compelem a acreditar neles e a segui-los.

Capítulo 3
As Qualidades de um Grande Líder

Esses líderes mundiais, no passado e no presente, cada um efetivo e inspirador nas suas próprias áreas — na política, economia, nos negócios, ou em outras áreas — possuem, em comum, algumas coisas. Estas, são as qualidades que essas pessoas possuem — as qualidades básicas que as põem à parte de milhares de outras pessoas. As qualidades nos líderes mundiais que compelem outras pessoas a ouvi-los, a acreditarem neles, e a seguirem suas palavras eações. Um líder é uma pessoa que possui a mesma fisionomia e características que possuímos — como qualquer outro ser humano sobre este planeta — mas ainda assim é diferente porque possui um conjunto único de atributos que nem todos têm.

Então, que qualidades são essas?

- Dedicação

O que é um líder sem a dedicação àquilo que ele está inspirando outras pessoas a buscarem? Alguém que pode sonhar alto, mas que talvez nunca realize o sonho realmente.

Esse não é um atributo que procuramos em um líder. As pessoas responderão mais automaticamente a um líder que não apenas sonha e planeja acerca de seus objetivos, mas, que permanece dedicado para torna-los um resultado. Um líder que não é devotado aos seus objetivos seria incapaz de inspirar outras pessoas a segui-lo, e compeli-las a aceitarem suas orientações e diretrizes. Por que as pessoas seguiriamalguém que está trabalhando apenas parcialmente para alcançar o sucesso, e não está disposto a doar-se 100% ao sonho?

A resposta é: elas não seguiriam. É a dedicação e o entusiasmo que vemos nas pessoas que nos inspira a segui-las. E a acreditar que serão capazes de trabalhar com todas as suas forças em nossos sonhos e objetivos para torná-los uma realidade. Qualquer outra pessoa — que possa nos solicitar apoio ou aceitação — a esperar nossa dedicação, sem demonstrar ela mesma nenhum sinal disso, não é um líder que obterá sucesso e que inspirará adimiração.

- Determinação

Uma das coisas que esperamos de um líder é a habilidade para tomar as decições certas na hora certa, no momento em que todas as outras pessoas ainda estariam em um estado de confusão e incerteza.

Os líderes são aqueles que tomam as decições finais — essa sempre foi a regra. Os seguidores trabalham junto ao líder para fazer o sonho realizar-se, mas é sempre aquele, que entre eles é o líder, quem dará as palavras finais sobre a questão. Por essa razão, um líder que não é decidido — alguém que venha a titubear e vacilar — natarefa não é alguém que inspira confiança nas outras pessoas.

Muitas vezes, um líder deve tomar as decisões difíceis. Em certas situações, eles podem ter de transferir determinadas decisões que não parecerão as mais fáceis, mas eles seriam os mais interessados em estar a par de tudo. E uma pessoa que consegue tomar decisões dessa maneira — sem qualquer sensação de hesitação, no momento certo — é um verdadeiro líder.

• Honestidade

A honestidade é uma qualidade valiosa para todo mundo e, mais significativamente, para um líder. Se uma pessoa não é honesta com ela mesma, bem como com as outras pessoas, ela não é alguém em quem confiar. As pessoas procuram por um líder em que possam confiar, e alguém que seja digno da confiança delas. Um líder desonesto, não importa o quão carismático ou influente, não é alguém que consegue sustentar a confiança de seus seguidores por muito tempo.

Quem é o presidente mais influente, poderoso, e amado dos Estados Unidos da América? Abraham Lincoln, é claro; e qual era seu apelido? 'Honest Abe' (algo como: Abram, o Honesto). Mesmo que você não saiba quem foi Abraham Lincoln, seu apelido não lhe dá uma ideia de que você poderia confiar nele? Abraham Lincoln sem o rótulo de 'honesto' ainda seria um grande homem, mas foi o apelido que lhe deu essa credibilidade extra.

Qualquer relacionamento — seja ele pessoal ou profissional, ou aquele entre um líder e um seguidor — precisa ser construído com base na confiança. Se alguma pessoa não parece ser honesta e leal com você, então cada palavra que sai da boca dela também não seria algo em que você pudesse acreditar veementemente e seguir. Não basta apenas parecer honesto, pois seus seguidores conheceriam — mais cedo ou mais tarde — o eu interior, o indivíduo que está tentando parecer real, mas não é. Um líder nascido para a grandeza precisa ser honesto — verdadeira e jenuinamente honesto — nas suas palavras e ações. Um líder tem o poder de iniciar ação através de suas palavras e orientação, e uma pessoa que tem tanto poder sobre outras, precisa ser — acima de qualquer outra coisa — sincera, honesta e direta.

- Confiança

Mesmo nos momentos mais incertos as pessoas desejam seguir aquela que pareça a mais confiante, a mais segura daquilo que está fazendo ou está para fazer.

Tomar as decisões corretas e inspirar outras pessoas não é suficiente caso ela não seja dotada de proporcional confiança. Um verdadeiro líder não teria apenas que ter fé em suas decisões e ideias, mas ser capaz de mostrar isso para as outras pessoas. Portanto, um bom líder deverá ser, acima de tudo, confiante. É sua confiança em si mesmo e em suas ações que compelirá as outras pessoas a responderem a sua orientação.

As coisas não sairão de acordo com o planejado. Raramente saem na vida real. No entanto, em face de problemas e adversidade, o líder que começa a vacilar e hesitar não é alguém que pode líderar outras pessoas. A confiança em si mesmo deveráser inabalável ao longo da adversidade, e sua segurança e atitude autoconfiante deverá, também, ser suficientemente convincente para motivar os outros.

A confiança com a qual um verdadeiro líder não vá apenas dar poder a si mesmo e as suas ações, mas que também deverá ser suficientemente contagiante para que outros a sua volta também fiquem confiantes. Um líder confiante facilmente atrairá outras pessoas em sua direção, pessoas que o solicitaria para aconselhamento e sugestões, em virtude de, sobretudo, parecer seguro de suas crenças e ações.

- Comprometimento

Comprometimento é outro atributo que é raro nas pessoas, mas indispensável em um líder. Um líder que não se mostra comprometido com o que esta trabalhando não pode ser alguém que os outros devessem seguir. Uma pessoa que inicia alguma coisa e em seguida decide esquecê-la quando surge um problema não é um verdadeiro líder. Ele deve estar comprometido com seu trabalho e com aquilo promete aos seus seguidores.

Se um líder deseja que seus seguidores se esforcem para um objetivo, então ele deve ser aquele a estabeler o exemplo. É o seu comprometimento com uma causa que inspirará outros a se juntar e seguir. Para um trabalhador ou seguidor, nada é mais motivador que um líder que está comprometido com a mesma causa que eles, trabalhando duro dia e noite para torná-la realidade.

Isso é o que forma um verdadeiro líder — o comprometimento absoluto com seu trabalho, sonho, objetivos, e com as pessoas que seguem suas orientações.

- Comunicação

A comunicação é algo em que um líder precisa ser completamente fluente, e isso inclui ser capaz de se comunicar através de suas palavras, bem como de suas ações.

Palavras — perfeitamente colocadas no momento certo e com a intensidade e emoções adequadas — são as maiores armas de um líder. São as palavras que transmitirão a mensagem dele para o resto do mundo — para outras pessoas que são inspiradas por ele, o seguem e o respeitam. Sua maneira de se comunicar é um veículo de muitos outros atributos que ele pode possuir — sua honestidade, comprometimento, dedicação, e confiança.

As palavras não bastam caso as ações da mesma pessoa não as reflitam, e as ações de uma pessoa são outra parte importante da comunicação. Não basta apenas falar sobre dedicação e honestidade se suas ações indicam o contrário. Potanto, palavras e ações desempenham um papel complementar na liderança no que concerne à habilidades comunicativas eficázes.

- Positividade

Positividade é, também, essencial no que se refere ao sucesso da liderança. Um verdadeiro líder é confiante em cada passo do caminho, mesmo quando tudo parece sombrio e impossível.

Um líder — quer seja um político, uma pessoa de negócios, ou um pensador social — precisa manter o astral das outras pessoas elevado, especialmente quando as chances são pequenas. E isso apenas é possível quando ele, por si só, mantém uma pespectiva positiva da vida. Quando as coisas ficam difíceis, é responsabilidade do líder manter os níveis de energia elevados, sendo positivo por si próprio; caso contrário, sua negatividade afetará outros a sua volta. É um caminho certo para o sucesso se todos em uma equipe estiverem se sentindo felizes, otimistas e confiantes, em vez de apenas supor que nada mais funcionaria, e que tudo estará perdido.

Essas são algumas das qualidades que fariam qualquer indivíduo se destacar do restante das pessoas, mas um líder — alguém que é destinado a liderar, inspirar e trazer mudança — necessita ser o mestre da maioria delas, se não de todas. Essas caracteristicas em uma pessoa são coisas que outras respeitariam e buscariam, e são o que faria de alguém um verdadeiro grande líder.

Capítulo 4
O que é um 'Líder Nato'?

Todos nós já ouvimos alguém ser descrito como um líder nato.

O que esse termo significa — um líder nato? Significa que uma porção de pessoas vêm a esse mundo com todas as qualidades que acabamos de ler a respeito no capítulo anterior? Significa que essas pessoas — esses líderes natos — sabem desde do momento que naisceram que vão ser pessoas especiais no mundo? Ou significa que essas pessoas, nascidas com atributos específicos, decidem liderar outras pessoas em um momento particular em suas vidas?

Vamos ver o que o termo 'líder nato' pode siginificar para nós.

Você precisa ser um 'Lider Nato'?

O que penso é, quando você chama alguém de 'líder nato' com a ideia de nascimento, vem a noção de hereditariedade. Pode alguém que é um 'líder nato', não vir de uma família de líderes? Mas isso é comum? Vemos todos os nossos líderes surgirem de famílias de outros líderes?

Esse não é o caso, na maioria das vezes. Temos observado líderes surgirem de muitas famílias e contextos. Famílias políticas dão à luz grandes líderes políticos; em alguns casos, da mesma maneira, observamos as famílias de magnatas onde tanto os pais como a prole conquistaram o mundo dos negócios.
E claro, quem consegue esquecer Don VitoCorleone e seu filho, Don Michael Corleone?

Estes são, na verdade, a excessão às regras, não as regras em si. A maioria dos líderes que observamos no mundo moderno, como também na história, conseguiram se sobressair inteiramente por conta própria, e sem a ajuda de um contexto familiar de fama.

Assim, chegaremos simplesmente a conclusão de que não é realmente a hereditariedade que desempenha um papel vital em um 'líder nato'? Então, o que exatamente o termo sugeri?

A seguir, tenta-se definir se você, para tornar-se um líder, tem de ter nascido um indivíduo especial. Suponhamos que um individuo que seja um líder nato denote ter nascido com um conjunto de qualidades e traços de personalidade incomuns que não está presente em todas as outras pessoas.

No entanto, o conjunto 'incomum' de caracteristicas que estamos falando a respeito aqui, as que descutimos no capítulo anterior, na verdade vêm a ser algumas qualidades muito usuais que podem estar presentes em qualquer pessoa. Muitas pessoas no mundo são os orgulhosos possuidores de todas ou da maioria dessas características, mas nem todas elas são os famosos líderes que conhecemos. Você acha que toda pessoa que possui essas qualidades torna-se um grande líder, ou está destinada a tornar-se um em algum momento da vida?

Não necessariamente, não! Todos nós podemos citar algumas pessoas que conhecemos que reúnem todas essas qualidades — e mais algumas — e decidem viver uma vida tranquila de desenvolvimento e realização pessoal. Nem todo mundo que tem um conjunto incomum de qualidades e uma personalidade forte está destinado a liderar uma nação, um grupo, ou mesmo um grande negócio.

Isso nos deixa com a ideia de que ser um líder nato significa que esses atributos particulares dos quais estamos falando devem estar presentes e bastante visiveis em uma pessoa desde sua infância. Esse é o caso, geralmente? À vezes, mas geralmente não. Quantos líderes ,que o mundo tenha visto, teve um início precoce na vida? Quantos deles mostraram seus talentos quando estavam no jardim-de-infância, na pré-escola ou no colegial?

Não muitos, à excepção de alguns exemplos. A maioria dos outros desabrocharam e entraram no foco de todos mais tarde em suas vidas quando ficaram adultos e maduros.

Pessoalmente, eu não acredito no 'mito' do líder nato. Eu não acho que líderes — todos ou a maioria deles — nasçam destinados à grandeza, mas sim que se desenvolvem em suas funções de liderança e aprendem a guiar outras pessoas.

Isso nos leva a outra questão — se a liderança não é natural e intuitiva, qualquer um pode se tornar um líder?

Capítulo 5
Qualquer Um Pode Se Tornar um Líder?

Tecnicamente, sim e não!

O que acredito é que quase todos tem os potenciais dentro de sí para se tornarem líderes; a maioria não estão cientes deles, que optam por não exercer seus desejos de serem líderes.

Tudo depende de como você define a palavra 'líder'. Caso você use a palavra 'líder' para denotar alguém que consegue dar as ordens necessárias para outros seguirem, então é possível que quase cada um de nós pode eventualmente tornar-se um líder algum dia. Porém, caso o termo 'líder' signifique para você algo grandioso. Caso você identifique a palavra com personalidades como Nelson Mandela e Abraham Lincoln, e não com um empreendedor local ou um proprietário de um pequeno negócio na sua vizinhança, então não! Nem todo mundo pode se tornar um líder.

Pessoas como Nelson Mandela, Abraham Lincoln, ou Winston Churchill não surgem a cada semana, nem magnatas de negócios como Donald Trump, Warren Buffet e Bill Gates. Não, eu não acredito que eles sejam pessoas especiais. Eles realmente podem ser os tipos líderes que sempre foram designados para mudar a cara da história — nas áreas da política, economia, sociedade e negócios. Mas eles são os únicos líderes em nosso mundo, os quais lemos a respeito nos livros de historia e na Wikipedia? São elas as únicas pessoas que podem ganhar o título de um grande líder - porque vamos ler e estudar sobre elas daqui a centenas de anos?

Mas e quanto aos líderes que não alcançaram esse nível de liderança? Embora não sejam, mesmo trabalhando com todas as suas forças para provocar uma mudança em suas áreas de expecialidade — os que chegariam aos lívros de história, mas todavia conseguiram tornar seus sonhos realidade, como também as ideias das pessoas em volta delas que as seguem e as respeitam?<segmento 0197> Estou me referindo aos trabalhadores sociais que motivam outras pessoas a retribuirem a sociedade, empreendedores que inspiram os mais jovens a iniciarem seu próprio negócio. Esportistas e atletas que ensinam outras pessoas a serem bravas o suficiente para seguirem suas paixões, professores que estimulam estudantes a construirem um futuro brilhante. CEOs (diretores executivos) e MDs (diretores administrativos) que conseguem eficientemente orientar seus empregados a trabalharem mais para a empresa que eles amam e preservam. E muito mais pessoas — ao nosso redor — que nos guiaram e nos conduziram ao sucesso, conhecimento, prosperidade, e em direção aos nossos objetivos, todos esses anos. Sim, você pode tornar-se um líder caso também considere essas pessoas líderes, além daquelas que tiveram sucesso em fazer o mundo inteiro conhecer suas palavras e feitos, sonhos e esperanças. Então, o que está te impedindo?

Você também pode se tornar um Líder?

Sim, você pode, e caso tenha pensado o contrário antes, deve haver algo que esteja te impedindo. O que podem ser esses obstáculos?

A maioria das barreiras que você enfrenta no seu caminho para tornar-se o tipo de líder que você, por si próprio, pode escolher, estão dentro de você — obstruções dentro da sua mente que estão te "imobilizando". Tudo que você precisa é superar essas barreiras — as vozes interiores dizendo que você não é distinto e ambicioso o bastante para tornar-se um autêntico líder.

Você também pode tornar-se um líder simplesmente seguindo alguns conselhos sobre como desenvolver habilidades de liderança, como vamos aprender no próximo capítulo.

Capítulo 6
Capacitando-se para Liderar

Como um adulto você está guiando os outros membros da sua família; caso você seja um pai, está orientando seus filhos. No colegial, você provavelmente liderou seus colegas em um projeto de classe, ou talvez você tenha liderado um pequeno grupo de colegas universitários quando você organizou a competição anual de debates.

Você provavelmente guiou seus amigos em uma expedição de caminhada, ou seus pais em um cruzeiro de férias. Até mesmo no trabalho, você tornou-se um líder momentaneamente quando debateu um novo projeto em uma reunião, ou quando persuadiu outros membros em seu departamento a trabalharem no seu projeto dos sonhos.

Minha observação é: todos nós, consciente ou inconscientemente, já atuamos como um líder em algumas situações de nossas vidas, embora que de maneira modesta. Todos nós fomos líderes — e ótimos por sinal — em algum momento, e se fomos uma vez, com certeza podemos ser novamente.

Você não precisa estar responsável por uma grande equipe — que seguirá suas ordens; sem questionamento — para ser considerado um líder, embora esse possa ser seu objetivo ao final. Você não precisa de um grupo de pesoas aplaudindo e seguindo cadapalavra sua para saber que você é um líder de sucesso. Você saberá por si só quando conseguir ver que obteve sucesso em motivar mesmo um pequeno grupo de pessoas a respeitá-lo e adimirá-lo.

Capacitando-se

Um bom líder é a mistura de uma porção de boas qualidades — honestidade, dedicação, comprometimento, confiança, e determinação — e algo mais. Esta ideia de 'algo mais' é o que destinguirá você de todas as outras pessoas, e agora aprenderemos sobre algumas maneiras de como você pode se capacitar para ser um líder.

- Faça uma auto-análise, de maneira franca.

Antes de iniciarmos nessa jornada, o primeiro passo é fazer uma auto-análise, da maneira mais honesta possível. Liste todas as suas qualidades e defeitos para que você consiga enxergar realmente a pessoa que você é. Pergunte a si mesmo:

○ Eu sou uma pessoa extrovertida ou introvertida?

○ Eu consigo coversar com desconhecidos ou me sinto tímido e desconfortavel?

○ Eu consigo fazer amigos de maneira rápida?

○ Eu sou uma boa pessoa para dar conselho a outras?

○ Eu sou uma pessoa confiante, ou pessimista?

o Eu sou um bom solucionador de problemas?

o Eu sou grato com as outras pessoas?

o Eu escuto e aceito as opiniões das outras pessoas?

o Eu sou aberto à crítica construtiva?

o Eu sou responsável, e assumo responsabilidade por meus atos?

o Eu sou aberto à novas ideias e métodos?

o Eu sou solícito e cooperativo?

Nessas questões não apenas estão as respostas para o tipo de pessoa que você é, mas também para o tipo de líder que você pode ser. As respostas, se dadas de maneira correta e honesta, indicarão as partes da sua personalidade nas quais você necessita trabalhar antes de se tornar um líder.

Caso você seja umapessoa introvertida, você precisa ser mais descontraído. Caso hesite em falar com pessoas não familiares, ou caso não consiga fazer amizades de maneira rápida. E caso você não reaja bem a conselhos e críticas, você precisará mudar isso.

Todos nós temos uma boa ideia de como um bom líder deve ser, e ao fazermos uma auto-análise, podemos estimar exatamente o quão distante estamos do líder que desejamos nos tornar. Examinando nossos defeitos e qualidades, traços e falhas de personalidade, podemos nos conhecer de maneira verdadeira, e enxergar o tipo de líder que podemos nos tornar.

- Desenvolva uma 'visão' clara

Quando você está tentando se tornar um líder eficiente, é evidente que você tem um objetivo em mente. Se sua visão é que você se torne o próximo grande líder político da sua nação, que o seu negócio prospere, ou que sua comunidade se torne uma das mais excelentes da sua cidade, você terá de pensar e repensar cada parte dela atentamente.

Não basta apenas dizer, *"Eu vou ser um grande líder!"*, se você não sabe quem você vai liderar, e em direção a quê. No entanto, se o seu pensamento é, *"Quero fazer parte da política do meu país. Para isso, precisarei afiliar-se ao conselho estudantil local e gradualmente cultivar meu caminho na hierarquia para um dia alcançar o Senado.", será mais fácil planejar sua rota de ação para o futuro. Caso você seja uma pessoa de negócios e deseja um dia influênciar seu setor, seu objetivo principal poderia ser, portanto: "Precisarei motivar meus funcionários para que também fiquem apaixonados pela empresa para qual trabalham, e juntos, um dia, conseguiremos alcançar o topo do meu mercado!" . Com uma visão tão clara quanto essa, será fácil para você prosseguir, e também para explicá-la para as outras pessas.*

- Comece Devagar

Qualquer que seja sua principal aspiração na vida, sempre é aconselhavel começar "de baixo". No dia seguinte ao seu começo, não espere que milhares de pessoas, automaticamente, o notem e o sigam. Isso eventualmente acontecerá à medida que você começar a progredir em seus objetivos.

Liderança leva tempo, e se você for dedicado e comprometido o bastante, gradualmente chegará aonde almeja. Se esperar um salto milagroso, tudo que encontrará é desapontamento e frustração. Outras pessoas não começarão a segui-lo e respeitá-lo apenas porque você as ordena. Elas farão isso após terem visto você se esforçar por um resultado, usando toda sua força e concentração na realização de um objetivo pelo qual elas também estão lutando. Elas observarão você tropeçar e falhar, e verão você enfim ter êxito, e após isso — quando elas virem que você é devotado, começarão a considerá-lo um líder digno de ser seguido.

Então vá devagar; não pegue atalho. O caminho para a verdadeira liderança é longo e estreito, e para se tornar um líder que inspirará adimiração e respeito, você terá que tomar o caminho mais longo.

Agora que você se preparou, é hora de dar mais um passo adiante para se tornar o líder que você é capaz de tornar-se.

Capítulo 7
Desenvolvendo Habilidades de Liderança

Um líder possui muitas qualidades e habilidades, algumas das quais você precisará desenvolver para se tornar o líder que você sempre desejou tornar-se. Neste capítulo, descutiremos as características que você necessitará dispor para se tornar um líder de sucesso.

- Viva conforme os valores morais que você prega.

Como um líder, suas palavras são importantes, como também são suas atitudes. Quando você estiver pregando as mensagens de trabalho duro e dedicação, não fique em pé no "palanque" enquanto seus seguidores fazem todo o trabalho. Como um verdadeiro líder, seu lugar é nas trincheiras com o restante, mesmo que isso signifique que você teria que trabalhar mais que qualquer outra pessoa. Quando comandantes do exército lideram uma expedição, eles apenas ordenam que seus soldados sigam em frente, enquanto eles sentam e relaxam? Não! Eles geralmente são aqueles que andam à frente dos outros — à frente dos soldados que eles ordenaram que lutassem. É a coragem e a determinação deles para trabalhar com as outras pessoas que motivam os soldados e os fazem ótimos líderes.

Como um líder político ou um empreendedor, você também deve ser aquele que trabalha ao lado dos funcionários ou operários. Você não pode ser aquela pessoa que fala sobre comprometimento e honestidade quando não dividi carga. Seus seguidores seriam os mais inspirados ao verem você ao lado deles, trabalhando — se não mais — o tanto quanto eles.

•Seja uma Referência

Esforce-se e se torne a referênciaque você teria gostado de ter tido. Viva da forma que você deseja que seus seguidores o vejam viver, e não aquela pessoa que é apenas palavras e promessas vazias.

Um verdadeiro líder não apenas fala, mas age conforme suas palavras. Caso esteja falando de uma sociedade conservadora, viva de tal maneira; caso esteja falando de uma sociedade onde pessoas ajudam outras que precisam de ajuda, seja alguém que faz exatamente isso. Você não pode se intitular um amigo dos pobres e desfavorecidos ao mesmo tempo que é uma pessoa que ostenta suas riquezas.

Para ser uma referência você precisa auxiliar as pessoas, e não ser alguém que elas não conseguem confiar em razão dos seus critérios ambíguos. Você precisa se tornar um modelo para elas adimirarem, acreditarem e estarem dispostas a seguir veementemente. Caso contrário, você permanecerá um anonimato para elas, alguém que elas não conhecem ou não compreendem bem o bastante para amar e adimirar.

- Mantenha a Comunicação

Mantenha a porta da comunicação aberta. Supondo que você seja um CEO de uma grande corporação ou o líder de um grande partido político, você deve estar sempre disponível para pessoas que precisem de você.

Suas palavras devem ser sempre capazes de encorajá-las e apoiá-las; elas precisam ser enaltecedoras quando necessário, e otimistas quando tudo estiver mau. Você terá de ser conselheiro de todos quando precisarem de ajuda, e um solucionador de problemas sempre que houver obstáculos. Ninguém — não importa se são os funcionários mais novos na sua empresa ou os trabalhadores que ganham salário minimo, voluntários ou apoiadores — deve sentir-se irrelevante. É seu trabalho, como líder dessas pessoas, fazê-las sentir-se tão importantes quanto você.

Aprenda a aceitar críticas, como também conselhos; aprenda a assumir responsabilidade por insucesso e a transformá-lo em confiança para o futuro. Seus seguidores, funcionários, e equipe o procuram para orientação e consulta, e você nunca deve desapontá-los.

• Saiba Delegar e Disciplinar

Ser um líder não é apenas encorajar e apoiar, não obstante também há momentos que você precisará ser um líder rigoroso também — especialmente quando se trata de delegar esforços e disciplinar.

Você precisará ser capaz de transferir as tarefas certas para as pessoas certas.. Mesmo que não saibam que possuem um talento especial que você está procurando em uma pessoa, você tem que identificá-lo e interpretá-lo.

Um bom líder sempre indentificaria os talentos e qualidades ocultas em seus seguidores e saberia delegar as tarefas certas para eles. Dessa maneira, seus seguidores se sentirão gratos e empoderados, e tentarão dar o melhor de si no trabalho.

A disciplina é outra parte de ser um líder, e um bom líder saberia quando e onde exercer controle nas tarefas. Ao mesmo tempo que um ambiente relaxado e flexível seria aquilo que todo trabalhador sonha, deve haver alguma disciplina a operar efetivamente em conjunto. Quando um líder exerce controle, esse deverá ser exatamente a quantidade certa — não tanto a ponto de irritar todo mundo, e nem tão pouco a ponto de ser ineficiente .

Uma vez que estiver no caminho e observar seus funcionários e seguidores começarem a reagir a você como a um líder, você gradualmente conseguirá construir sua trajetória para o futuro. Você saberá como se tornar um líder que todos adimiram, e com quem se sentiriam honrados em trabalhar lado a lado. Esse é o tipo de líder que você deve trabalhar duro para se tornar para que você também, um dia, possa ser considerado um ser humano ideal e alguém que mudou a maneira que nós enchergamos tudo à nossa volta.

Conclusão

Obrigado novamente por baixar este livro!

Espero que este livro tenha lhe transmitido o conhecimento e as formas de se tornar um líder eficiente. Alguém que será capaz de motivar outras pessoas a seguirem seus sonhos, e fazer as mudanças que deseja fazer no mundo.

O próximo passo é seguir as etapas descritas nos livros para se tornar o tipo de líder que você deseja tornar-se, e fazer aquilo que você sempre sonhou em fazer.

Parte 2

Introdução

"Entendendo o tempo!"

Gostaria de agradecer e parabenizá-lo(a) por adquirir esta obra.

Este livro contém passos e estratégias comprovados sobre como ter o controle de sua vida através do correto e eficaz gerenciamento do seu tempo.

O tempo é a única coisa no mundo que ninguém pode comprar, trocar ou emprestar. A forma como você o manipula em suas mãos pode determinar a qualidade de sua vida, então, se você deseja ter sucesso, deverá usar o seu tempo para aprimorar o conhecimento e habilidades necessárias para atingir os seus objetivos.

Infelizmente, é mais fácil falar do que fazer no que se diz respeito ao gerenciamento efetivo do tempo. Muitas pessoas acabam por não transformar os seus objetivos em realidade, pois desperdiçam muito do seu tempo em vez de focá-lo nas tarefas mais importantes. Hoje em dia isso é ainda mais difícil, com todos os desenvolvimentos em tecnologia que podem facilmente nos distrair e tornar nossas vidas mais convenientes.

A boa notícia é que você tem capacidade para tomar o controle de sua vida e usar o seu tempo sabiamente. Com o auxílio dos 25 princípios contidos neste livro você estará apto a superar os obstáculos que o impedem de alcançar seu potencial total. Ao utilizar essas habilidades como seu guia, você estará apto a vencer a procrastinação, motivar a si mesmo e aplicar as estratégias corretas de gerenciamento do tempo de maneira mais eficaz.

Mais uma vez, agradeço por baixar este livro e espero que o aproveite!

Habilidade 1 –Conheça os seus objetivos

Por que você deseja gerenciar o seu tempo eficazmente? Todos têm suas razões, mas é importante estabelecer objetivos, pois é isso que o guiará através de cada tarefa. Todos neste mundo têm as mesmas 24 horas a cada dia, porém o grande divisor entre os que só tentam e os que realmente alcançam o sucesso é que estes últimos possuem objetivos e entram em ação para alcançá-los.

Comece definindo o que você realmente deseja alcançar em sua vida... Ou, pelo menos, nos próximos 5 anos. Não tenha medo de sonhar alto. Anote e descreva com quantos detalhes quanto possível.

Por exemplo, se você deseja ter uma casa nos próximos 5 anos, determine a localização, número de quartos, materiais necessários etc. A partir daí você poderá determinar quanto dinheiro será necessário para obter a casa desejada. Após definir o valor, você poderá criar um plano sobre como atingir a quantia necessária.

Como pode ver, uma vez que você tenha o seu objetivo definido, poderá formular um plano com um período que lhe permitirá alcançá-lo.

Habilidade 2 –Estabeleça prazos

O estabelecimento de prazos é o princípio fundamental do gerenciamento de tempo. Sem ele, os seus objetivos tornam-se simplesmente sonhos, pois fica muito mais fácil dizer *"vou começar amanhã"*.

Na vida, geralmente há dois tipos de prazos: os que são definidos para você e os que você define para si mesmo. O primeiro é mais fácil: seu patrão lhe diz para fechar um acordo em uma semana, então você precisa definir o que fará a cada dia, de segunda a sexta, para concluir. Caso não consiga, você diminuirá suas chances de obter um aumento ou uma promoção no emprego.

Estabelecer os seus próprios prazos é mais desafiador por duas razões. Primeiro, você precisa ser realista, do contrário, terminará desmotivado se não conseguir cumprir suas tarefas a tempo. Segundo, o seu progresso depende apenas de você. Em outras palavras, você deve se manter motivado para continuar.

Para definir um prazo realista para o seu objetivo, é necessário antes determinar o período ideal. Em que ano você gostaria de adquirir sua casa própria? Este pode ser o seu prazo ideal.

Você também pode pesquisar e verificar quanto tempo levou para outras pessoas alcançarem objetivos semelhantes aos seus. Então, determine as habilidades, conhecimento e ferramentas necessárias para alcançar cada objetivo. Se achar que precisará de mais tempo, ajuste adequadamente os prazos.

Habilidade 3 – Encare o seu tempo como dinheiro

Aqueles que sabem gerenciar o tempo efetivamente compreendem a ideia de que tempo é dinheiro! Em outras palavras, tempo desperdiçado possui valor zero, o que o coloca um passo atrás de atingir suas metas.

É crucial saber quanto você será pago por hora, pois é isso que determina sua qualidade de vida e a economia que você poderá reservar para sua aposentadoria. Determine quanto você ganha por hora e decida como incrementar esse valor.

Voltando à administração do tempo, pense na quantidade de tempo livre que você teve após o trabalho. Você será capaz de convertê-lo em dinheiro? Pode espremer o seu tempo em algum momento para obter educação que possa impulsionar sua carreira? Depois de ter as respostas, planeje de acordo.

Lógico, há muito mais na vida do que dinheiro, e é por isso que você deve sempre recordar quais são os seus objetivos. Se sua prioridade é criar laços com sua família, então o seu tempo livre será muito bem gasto com ela.

Contudo, ao associar cada hora do dia com quanto dinheiro possa fazer, você se torna mais motivado a realizar tarefas e trabalhar de modo a aumentar esse valor.

Habilidade 4 –Divida o dia em compromissos

Gerenciar o tempo torna-se difícil quando você vive no modo "vou para onde o vento me levar". Se você não deseja acordar um dia e imaginar o que aconteceu nos últimos quarenta e poucos anos de sua vida, então precisa preparar cada dia em termos de compromisso.

Você já viu ou usou um planejador diário executivo? Note que nele cada dia é dividido em horas. É essa a forma que as pessoas bem-sucedidas trabalham: tudo, desde ir ao emprego pela manhã até a realização de uma reunião de negócios, ou até mesmo passar algum tempo sozinho em uma banheira é visto como um compromisso. Então, ao respeitar o fato de que cada dia tem 24 horas (onde pelo menos 7 delas são dedicadas ao sono), eles valorizam o propósito de cada hora e asseguram que cada uma delas cumpra o seu propósito específico. Afinal, qualquer atraso pode provocar um efeito dominó nas horas ou dias seguintes.

Naturalmente, um sistema sustentável é aquele que não o deixa esgotado, e é por isso que você também deve agendar compromissos para si mesmo. Se você não tiver um planejador diário, adquira um e utilize-o sempre.

Habilidade 5 –Organize o seu espaço de trabalho

A sua eficiência ao realizar tarefas será prejudicada se o seu espaço de trabalho não estiver organizado. Imagine ter que perder tempo procurando em diversas pilhas de papéis para localizar um documento específico. Se fizer isso por uma média de 5 minutos por dia, terá desperdiçado duas horas em um mês!

Um ambiente limpo e organizado, pelo contrário, facilitará encontrar qualquer coisa que precise em segundos. Para tornar o seu espaço de trabalho mais eficiente, determine como deseja utilizá-lo. Então, remova todo o excedente e deixe apenas o que precisará utilizar. Por exemplo, se tudo o que você realmente precisa em sua mesa é um computador, então toda a bancada deve estar vazia, exceto por ele.

Se o se trabalho exige algum tipo de arquivo a cada dia, então crie um sistema de arquivamento que respeite o seu fluxo. Você pode, por exemplo, designar diferentes compartimentos para arquivos recebidos, arquivos importantes ou arquivos de saída. Simplesmente uma conveniência com simplicidade.

Habilidade 6–Estabeleça prioridades

Para realizaras tarefas mais importantes do dia, você deve primeiro distinguir entre o que é importante e o que é urgente. Isso o ajudará a criar uma lista de prioridades que poderá realizar passo a passo.

Uma técnica que o ajudará a estabelecer prioridades é pegar um pedaço de papel e dobrá-lo ao meio, depois novamente dobrar ao meio, de forma a criar quatro vincos. Rotule uma das colunas como Importante e Não Importante, e a outra coluna como Urgente e Não Urgente. Então, pense nas tarefas que precisa realizar ao longo do dia e selecione-as, distribuindo-as sob as colunas apropriadas.

Ao terminar, as tarefas marcadas como Importante e Urgente devem ser colocadas no topo de sua lista de prioridades, seguidas pelas Urgente e Não Importante, depois Importante e Não Urgente, e, por fim, Não Importante e Não Urgente.

Inclua tarefas de lazer que você faria, como assistir a um programa de televisão e jogar videogames com amigos, bem como tarefas como lavar a roupa. Dessa forma, você saberá quais tarefas eliminar e quais manter.

A partir dos resultados de suas listas, você poderá planejar todas as tarefas da semana.

Habilidade 7 –Aplique a regra 80/20

A regra 80/20 é um método centenário e comumente aplicado para maximizar o tempo e a produtividade. Foi desenvolvido em 1906 por Vilfredo Pareto. Significa que a maior parte do resultado (80%) se deve a uma pequena quantidade de causas (20%).

Para aplicar essa regra ao gerenciamento do tempo, a primeira coisa afazer é olhar como é utilizado a maior parte do tempo. Então, compare o número de horas que você aplicou em seus resultados.

Depois, responda às seguintes perguntas: quanto do seu tempo desperto você dedicou a produzir resultados? Qual parte do dia foi mais produtiva? E a menos produtiva? O que o impediu de se manter constantemente produtivo?

A partir do momento em que você descobriu quando pode ser mais produtivo, você pode utilizar esse momento específico do dia para realizar as tarefas que o aproximem mais dos seus objetivos. Por exemplo, digamos que o seu objetivo é ser aprovado em uma prova. Se você sabe que é mais produtivo entre as 10 da manhã até o meio-dia, então você pode agendar o seu horário de estudo para esse período.

Habilidade 8 – Planeje intervalos

A pior coisa que pode acontecer com qualquer trabalhador é o esgotamento. Isso ocorre sempre que alguém se sobrecarrega e falha, seja por se tornar letárgico ou por executar um trabalho ruim. A maioria concorda que um ritmo uniforme para alcançar seus objetivos é muito mais sustentável, não apenas por motivação, mas também por sua saúde.

Para prevenir o esgotamento é necessário fazer intervalos entre as tarefas. Em um escritório os funcionários têm direito a 15 minutos de pausa a cada duas horas de trabalho, com uma hora de almoço no meio do total de oito horas. Permita-se um tempo para recarregar fazendo esse intervalo. Se você trabalha em casa, agende suas pausas utilizando um alarme ou cronômetro.

Realizar um intervalo ajudará a manter o foco e ser mais produtivo. Por exemplo, você pode se levantar e caminhar um pouco para evitar ter câimbras no traseiro posteriormente. Você também pode sentar ou deitar e meditar para limpar a mente e permitir que tome melhores decisões.

Espero que você esteja gostando deste livro até aqui, é importante que ponha em prática todas as habilidades que possa aplicar em sua rotina diária.

Desejo que este e-book esteja sendo proveitoso. Espero que você esteja anotando tudo o que aprende. Se você gosta do que leu até aqui, sinta-se livre em compartilhar a sua opinião e gentilmente deixar umaavaliação com alguns elogios.
Clique aqui para deixar uma avaliação na amazon.com.br

Habilidade 9 –Melhore o seu foco

Foco máximo não acontece do dia para a noite. É uma habilidade que deve ser praticada regularmente. Quanto mais concentrado você estiver, mais rápido poderá realizar suas tarefas e menos tempo desperdiçará.

Para aprimorar o seu foco você deve encontrar um local onde possa se concentrar em paz. Algumas pessoas gostam de se concentrar em seus estudos em uma cafeteria silenciosa, enquanto outros preferem utilizar um home office que bloqueie qualquer distração, tal como a televisão.

A seguir, você deve descobrir quanto tempo leva para se concentrar emuma atividade. Use um cronômetro quando iniciar sua tarefa. Assim que começar a ficar cansado e a se distrair com maior facilidade, pare o cronômetro e anote o seu limite. Procure prolongar esse limite continuamente.

Além disso, você deve se esforçar em controlar interações com os outros. Uma mensagem ou chamada de um grande amigo ainda é uma distração, então diga a eles que estará ocupado em determinados horário do dia. Ou então coloque o celular no modo avião.

Habilidade 10 –Bloqueie interrupções

Interrupções, independentemente de quão rápidas possam parecer, podem realmente atrasar todas as suas tarefas. Atualmente, com todos estando tão intimamente conectados, as pessoas se tornaram mais propícias a essas interrupções.

Dizem que a prevenção é melhor do que a cura, então o que pode ser melhor para evitar as interrupções do que bloqueá-las completamente? A primeira coisa a se fazer é certificar-se de que ninguém entrará em seu espaço de trabalho para distraí-lo. Crie uma parede física entre você e o resto do mundo quando precisar se concentrar. Tranque a porta, ponha fones de ouvido, toque uma música que propicie a concentração e coloque uma placa de "Não Perturbe!" na porta.

Uma das coisas mais difíceis para a maioria das pessoas é se afastar das redes sociais. Se você quiser, pode especificar um horário determinado para verificar e-mails e mensagens online (de preferência durante o seu intervalo), mas cure-se do medo de perda ao desligar o wi-fi ou pelo menos bloquear os sites que o distraiam.

Habilidade 11 - Utilize ferramentas de gerenciamento do tempo

Você não pode ir para a guerra sem armas; por isso precisa usar as ferramentas certas para se tornar produtivo. Você já aprendeu o valor de uma agenda executiva, mas existem ferramentas adicionais que você pode utilizar para gerenciar seu tempo sabiamente.

Uma dessas ferramentas é o bom e velho cronômetro. Todos os smartphones têm um, então utilize-o diariamente. Você pode utilizá-lo para medir quanto tempo leva concentrado em uma tarefa. Em média, as pessoas dedicam-se ao trabalho durante duas horas seguidas antes de uma pausa. Após descobrir o seu limite, você pode programar o alarme para quando precisa se concentrar. Quando o cronômetro estiver ativo, você pode fazer uma pausa que, a propósito, também deve ser cronometrada (o tempo médio de pausa para a maioria das pessoas é de 15 minutos).

Outra ferramenta simples é o alarme do seu relógio. Este funciona melhor para tarefas fixas que você realiza diariamente, como caminhar pela manhã ou ir dormir a cada noite. Novamente, os smartphones permitem que você acione múltiplos alarmes com etiquetas, então, escolha as suas atividades fixas. O ideal é que especifique um determinado toque para cada tarefa, pois ao escutá-lo você estará condicionado ao que deve ser feito.

Há muitos outros aplicativos gratuitos que você pode usar para o gerenciamento de tempo. Se você acha que precisa de mais disciplina (como acordar mais cedo para o trabalho), então pode pesquisar e descobrir qual melhor se adéqua às suas necessidades.

Habilidade 12 –Supere a procrastinação

A procrastinação é, sem dúvidas, a assassina de tempo da qual todos são culpados. Você nem imagina a quantidade de tempo, dinheiro, qualidade e saúde que você sacrifica ao deixar de lado atividades importantes. É importante recordar-se constantemente de que o tempo não espera por ninguém, e não há desculpas por atrasar tarefas que são importantes e urgentes em sua vida.

O perfeccionismo é um dos culpados que impede uma pessoa de concluir uma tarefa. As pessoas tendem a esperar pelo *momento perfeito* para fazer algo, sendo que não existe esse momento. Isso não significa, no entanto, que você deva sacrificar a qualidade em favor da pontualidade. Pelo contrário, significa que você deve começar, mesmo que não se sinta como o número um.

Outra culpada da procrastinação é o desejo de se distrair, especialmente após a conclusão de alguma tarefa. As pessoas acreditam que mereçam um intervalo, mas o que acaba por acontecer é que, após realizar apenas 20 minutos de trabalho, acabam jogando videogames durante duas horas. Aderir a um cronograma pode ajudar a acabar com isso.

A melhor forma de combater a procrastinação é simplesmente dar o primeiro passo. Ou seja, se você precisa escrever uma redação, faça apenas um rascunho primeiro. Isso inspira a continuar ao invés de nunca começar.

Habilidade 13 –Motive-se a si mesmo

Ser capaz de manter o cronograma que você definiu requer motivação. Existem dois tipos principais de motivação, e são melhor descritos como a cenoura e o bastão.

Sempre que você enfrentar uma tarefa que teme fazer, como um relatório que precisa terminar de escrever para entregar ao seu chefe dentro de cinco dias, pode motivar-se pensando nas recompensas que obterá após ter cumprido a tarefa. Por exemplo, se você terminar o relatório com antecedência, ainda terá tempo de refiná-lo e adicionar mais conteúdo. Ao ser capaz de enviar resultados de alta qualidade dentro do prazo, seu chefe reconhecerá seu valor e procurará promovê-lo ou lhe dar um aumento. Essa é a motivação da cenoura.

Por outro lado, algumas pessoas se sentem mais motivadas quando analisam as consequências de não realizar uma determinada tarefa a tempo. Digamos que você imagine não conseguir enviar o relatório no prazo. Você acabará se envergonhando completamente durante a apresentação e correndo o risco de ser demitido com registros ruins. Essa é a motivação do bastão.

Então, sempre que você tiver medo de realizar uma atividade e adiá-la para outro momento, considere tanto a cenoura quanto o bastão em ambas as situações.

Habilidade 14 –Divida projetos maiores em tarefas menores

Um projeto grande que precisa ser entregue em um determinado período pode parecer assustador, então divida-o em partes menores e mais acessíveis. Tudo o que você precisa é de um pedaço de papel e uma caneta.

Primeiro, identifique claramente a meta e os objetivos do seu projeto. Em seguida, faça uma lista com o passo a passo de todas as tarefas pelas quais você deve passar para atingir os seus objetivos. Você também deve anotar os recursos necessários para eles.

Assim que tiver a lista, defina um período ou prazo para cada tarefa, em seguida destaque o prazo para a conclusão do projeto completo.

Finalmente, divida as tarefas entre os dias que tiver disponíveis desde o momento em que puder começar. Dessa forma, quando você visualiza que a cada dia tem pequenas tarefas a serem executadas, terá a impressão de que o projeto em si é mais fácil de fazer do que acordar todas as manhãs e sentir o peso de um projeto inteiro em seus ombros.

Habilidade 15 –Melhore suas habilidades de tomada de decisões

Tomar decisões é um trabalho difícil para todos, especialmente pelo fato de que as pessoas têm medo de realizar uma escolha errada. Para gerenciar o tempo de forma eficaz, uma pessoa sempre tem a oportunidade de tomar decisões, como quando deve executar determinadas tarefas, como deve proceder e assim por diante. Quanto melhor você for ao tomar decisões, mais prático você será em lidar com o tempo em suas mãos.

Para tomar decisões acertadas, a primeira coisa que você deve fazer é avaliar o peso da decisão. Considere os prós e contras de cada uma e avalie-os para determinar qual opção tem mais vantagens do que desvantagens.

O tempo é irrefutavelmente um aspecto na tomada de decisões. Você tem que considerar a quantidade de tempo disponível e como pode aproveitá-lo ao máximo. Além disso, existem algumas decisões que não precisam ser tomadas imediatamente, então considere dar a essas opções mais tempo para ponderar.

Se tudo mais falhar, lance uma moeda. Não importa qual lado eventualmente caia. O que importa é que você vai perceber qual escolha quer, uma vez que o veredicto da moeda tenha sido feito

Habilidade 16 – Controle pensamentos de distração

As distrações podem vir de todo lugar, inclusive de nossa própria mente. Na verdade, esta pode ser uma das piores distrações, pois diferentemente do seu colega de trabalho irritante, você não pode pedir desculpas a si mesmo e se afastar tão facilmente.

Para controlar pensamentos de distração a primeira coisa a ser feita é estaciná-los. Digamos que você esteja trabalhando em um projeto e de repente tem uma ótima ideia para um livro que está escrevendo. Ao invés de entreter sua mente com as ideias que chegam, simplesmente anote-as em um pedaço de papel, e esqueça-as. Quando terminar o trabalho poderá retornar a elas.

Se você tem lutado contra pensamentos emocionalmente perturbadores, reserve um encontro consigo mesmo (ou com um terapeuta) para curar-se. Reconheça o pensamento, então descarte-o dizendo a si mesmo que este não é o momento para isso. Inspire profundamente, depois expire isso para fora de si.

Habilidade 17 –Autoavaliação uma vez por semana

É importante realizar uma autoavaliação de vez em quando. Isso o ajudará a fazer melhorias, ajustes e até mesmo uma reavaliação de suas metas.

Separe entre 30 minutos a 1 hora no final de semana para avaliar as estratégias de controle de tempo que você aplicou durante a semana. Anote os erros e acertos, então considere outras estratégias que possam ser melhores do que as que tentou.

Outra coisa a ser avaliada são os números de distrações que você encontrou e como lidou com elas. Se houver distrações pertinentes que você tenha dificuldades em evitar, poderá agora identificá-las com maior eficiência.

Também seria sensato manter um registro de suas autoavaliações para que você possa usá-las como referência para futuras estratégias de gerenciamento de tempo.

Habilidade 18 –Reserve um período para ficar offline

Embora a internet possa conter uma infinidade de ferramentas que economizam tempo (tais como compras on-line e e-mail, para citar algumas), ela também pode ser um grande desperdício de tempo.

Imagine a sua vida a piscar diante dos seus olhos enquanto você desperdiça três horas ou mais navegando nos perfis do Facebook dos seus amigos, sem motivo aparente. É por isso que é importante ficar offline uma vez por dia durante várias horas para realizar tarefas que não exijam sua presença online.

Durante esse período você não deve realizar nenhuma ligação, verificar nenhum e-mail e nem conversar com ninguém online. Se precisar entrar online para verificar alguma informação enquanto estiver no seu período offline, então baixe um dicionário digital, thesaurus e enciclopédia. Assim você não poderá se dar nenhuma desculpa.

Habilidade 19 – Delegue responsabilidades

Quando você estiver sobrecarregado e perceber o fato de que você absolutamente não poderá fazer tudo sozinho, então deverá transferir a responsabilidade para outras pessoas qualificadas. Isso liberará seu tempo e permitirá que você se concentre em suas tarefas mais importantes e urgentes.

Ao delegar as responsabilidades a outra pessoa, afirme que ela possui as qualificações necessárias para a tarefa, possivelmente melhor do que você. Em seguida, indique claramente os objetivos e os resultados pretendidos para que ele ou ela saiba o que você espera do trabalho.

Se necessário, dê à pessoa uma explicação de como você faria isso, mas esteja aberto para sugestões, pois ela pode ter soluções ainda mais eficientes para oferecer.

Habilidade 20 –Comece pela tarefa mais difícil

Uma técnica que muitas pessoas bem-sucedidas realizaram por séculos é sempre começar pela tarefa mais difícil. Assim que você a concretizar, tudo o que fizer depois será suave como uma brisa.

A melhor maneira de lidar com uma tarefa difícil é simplesmente encará-la de frente e se concentrar apenas nessa atividade. A melhor parte depois de terminar essa tarefa é que você se sentirá mais produtivo no final do dia, mesmo que seja a única tarefa que consumiu a maior parte do seu tempo naquele dia.

A maioria concorda que você deve lidar com a tarefa difícil no início do dia, porque é o momento em que ainda se tem muita energia e otimismo para poupar. Também ajuda a investir um pouco em si mesmo quando você sabe que essa tarefa é extremamente importante, por exemplo, vestindo seu melhor terno ou bebendo sua xícara de café gourmet favorita e tão cara antes de começar.

Habilidade 21 –Aplique a abordagem minimalista

Minimalismo é quando você elimina de sua vida as coisas que não supérfluas, de modo que possa focar apenas no que realmente é importante para você. Isso tornará a sua vida muito mais fácil e poupará muito tempo.

Por exemplo, se você gasta muito tempo pela manhã imaginando o que irá vestir, poderá manter um *guarda-roupas em cápsulas*. Isso é quando você tem uma quantidade limitada de roupas que podem ser facilmente misturadas e combinadas a cada dia.

O minimalismo no trabalho também permite que você seja ainda mais produtivo. Por exemplo, você deve evitar assumir muitas tarefas de uma só vez porque está abandonando a qualidade. Se um projeto for grande demais para você realizar sozinho, considere delegá-lo para que todos possam se concentrar em uma parte essencial e produzir um grande trabalho juntos.

Habilidade 22 –Automatize suas tarefas diárias

Certas coisas da vida não podem ser evitadas, como limpar a casa, lavar a roupa e preparar refeições (saudáveis) em casa. Se você acha que essas tarefas consomem muito tempo, convém delegá-las a outras pessoas, ou descobrir como torná-la mais fáceis e rápidas de fazer.

Por exemplo, você pode preparar várias refeições saudáveis em um dia livre, dividi-las em recipientes individuais, e congelá-las para serem reaquecidas para um almoço rápido e fácil no resto da semana.
Uma faxineira pode ser contratada para ajudar a manter sua humilde morada. Dependendo do seu orçamento, você pode fazer com que ela venha uma vez por semana ou até mesmo duas vezes por mês para organizar sua casa e torná-la

interessante. Apenas certifique-se de obter referências de alguém da sua confiança.

A lavanderia também pode ser delegada a alguém. Se você não se sente confortável com a ideia de alguém lavando suas roupas, então invista emuma máquina de lavar e secadora de qualidade, e deixe que elas façam todo o serviço.

Habilidade 23 –Treine para ser um madrugador

Iniciar o dia precocemente para realizar tarefas é sempre melhor do que ficar acordado até tarde para recuperar o tempo perdido. Pessoas bem-sucedidas geralmente são as que preferem pular da cama e começar o dia o mais cedo possível

Há muitos benefícios em acordar cedo e maximizar sua manhã. Primeiro, há menos distrações entre as 5 e 7 horas da manhã pois a maioria das pessoas ainda está dormindo ou se preparando para o dia.

Outro benefício é que é simplesmente mais saudável acordar cedo do que dormir tarde para fazer o trabalho. O corpo humano é projetado para dormir entre as 10 da noite e as 3 da manhã, porque é durante essas horas que ele tem que fazer reparos e se recuperar do estresse que experimentou durante as horas de vigília. Negar o seu corpo dessa oportunidade resultará em consequências de longo prazo para sua saúde.

Embora leve tempo para se ajustar de ser uma coruja noturna e tornar-se um madrugador, esforce-se para ser o último a cada dia. Você acabará por se acostumar e apreciar pegar o dia no início.

Habilidade 24 –Sempre planeje o seu próximo dia

Antes de dormir, faça questão de anotar uma lista das tarefas que precisará fazer no dia seguinte. Considere todas as suas obrigações, desde as relacionadas ao trabalho até as pessoais. Isso evitará que perca tempo no dia seguinte e lembrará de que precisa sair cedo da cama.

Há certos fatores que você precisa ter em mente enquanto planeja o dia seguinte. A primeira é que não deve haver conflitos na sua agenda. Se houver, você precisaráconsiderar qual deles é mais importante e, em seguida, reprogramar o outro para outro momento.

A segunda seria as tarefas que você não

pôde cumprir naquele mesmo dia. Isso fará com que você revise suas atividades do dia e, em seguida, adicione qualquer uma das tarefas importantes à lista de pendentes para o próximo dia.

Mantenha essa lista em algum lugar que possa ser instantaneamente visto. Algumas pessoas gostam de anotá-las em um papel e colá-la em seu local de trabalho. Outros criam uma lista no seu celular e salvam na sua tela.

Habilidade 25 –Invista na sua saúde

Tudo em sua lista de coisas a fazer desmoronaria se a sua saúde fosse prejudicada. Os prazos finais seriam perdidos, a qualidade do seu trabalho prejudicada e sua produtividade geral diminuiria. É por isso que você precisa cuidar bem de sua saúde para gerenciar o tempo de forma eficaz.

Para evitar falhas, nunca fique tentado a fazer muito trabalho dentro de um prazo limitado. Isso aumentará seus níveis de estresse e prejudicará o seu sistema imunológico. Você estará mais suscetível a ficar doente. Garanta também que você tenha horas de sono suficientes todos os dias, pois o sono em si é um investimento em sua capacidade de trabalhar bem no dia seguinte.

Outro compromisso importante que você precisa manter pelo menos três vezes por semana é o exercício físico. Mesmo que seja apenas 20 ou 30 minutos de treinamento cardiovascular, peso e flexibilidade aumentarão seus níveis de energia e melhorarão sua resistência.

Por fim, você deve alimentar o seu corpo com refeições saudáveis. Não basta comer um almoço fastfood porque está muito ocupado no escritório. Desfrute de uma salada e alguma proteína magra grelhada. Tome suas multivitaminas se você não está recebendo o suficiente de comida de verdade. Todo o esforço extra para sua saúde lhe dará anos de tempo no futuro.

Conclusão

Obrigado novamente por baixar este e-book.
Espero que ele tenha conseguido ajudar a controlar o seu tempo mais eficazmente com o auxílio dessas 25 habilidades.

O próximo passo é continuar inspirado e aprimorar as habilidades necessárias para ser produtivo e eficiente no decorrer do tempo.

Imagine ser capaz de viver a sua vida ao máximo, realizar todos os objetivos que estabeleceu para si mesmo e sentir satisfação e segurança ao saber que você foi capaz de aproveitar ao máximo o seu tempo. Lembre-se sempre de que o tempo é algo que você nunca poderá comprar de volta, e aproveite ao máximo o que você tem.

www.ingramcontent.com/pod-product-compliance
Lightning Source LLC
Chambersburg PA
CBHW071907070526
44583CB00016B/1888